Für Prinzessin Sarah

Kristien Aertssen, geboren 1953 in Antwerpen,
studierte dort und in Pasadena (USA) Grafik und Illustration und unterrichtet
diese Fächer nun an der Antwerpener Akademie selbst.
Sie veröffentlichte Illustrationen in belgischen und niederländischen Kinderbuchverlagen,
bis 1999 in Holland ihr erstes eigenständiges Bilderbuch erschien.
Kristien Aertssen hat zwei Kinder und lebt in Gent (Belgien).

1 2 3 4 5 6 07 06 05 04 03
© 2003 Moritz Verlag, Frankfurt am Main
Alle deutschsprachigen Rechte vorbehalten
Die französische Originalausgabe erschien 2002 unter dem Titel
La reine des bisous bei Pastel
© 2002 l'école des loisirs, Paris
Druck: Drukkerij Oranje, Sint Baafs Vijve
Printed in Belgium
ISBN 3 89565 142 7

Kristien Aertssen

Die Schmusekönigin

Aus dem Französischen von Tobias Scheffel

Moritz Verlag
Frankfurt am Main

Jeden Morgen zur gleichen Zeit erwartet die Königin in ihrem Palast viele wichtige Besucher und Besucherinnen.
So ist es auch an diesem Tag.
»Mama«, sagt ihre kleine Prinzessin, »darf ich …«
»Ich habe keine Zeit, mein Liebling. Frag deine Gouvernante.«
»Aber Mama, ich will doch nur ein bisschen schmusen …«
»Ich hab so viel zu tun. Nimm einfach mein rotes Flugzeug und mach dich auf die Suche nach der Schmusekönigin. Die schmust mir dir, so viel du willst.«

Im Flugzeug fühlt sich die Prinzessin leicht wie ein Vogel.
»Wo könnte sich die Schmusekönigin nur verstecken?«, fragt sie sich.
»Vielleicht in dem Schloss da unten, das aussieht wie ein riesiges Törtchen?«

Eine Königin mit einer Frisur wie spritzgebacken kommt aus dem Tortenschloss.
»Guten Tag«, sagte die Prinzessin. »Sind Sie die Schmusekönigin?«
»Nein, mein Plunderstückchen, ich bin die Tortenkönigin.«

»Wenn du magst, zeig ich dir, wie man eine ausgezeichnete Tortenbäckerin wird.«
»O ja, gerne!«, antwortet die Prinzessin.

»Du bist wirklich sehr begabt, mein Zuckerstückchen. Da können wir's uns ja gleich schmecken lassen!«

Der Besuch macht ihr wirklich großen Spaß, aber die Prinzessin muss weiter.
Und so schenkt ihr die Königin ein paar Kuchenstücke für ihre Mama.
»Auf Wiedersehen, Tortenkönigin. Und vielen Dank!«

*Währenddessen sitzt Königin Mama
in ihrem Palast und knabbert Kekse.
Sie ist erschöpft. Das war ein anstrengender Tag!*

Die Prinzessin steigt wieder in ihr Flugzeug und entdeckt von hoch oben einen Baum voller Katzen.
»Wer Katzen mag, der schmust bestimmt auch gern«, sagt sich die Prinzessin. »Vielleicht finde ich hier die Schmusekönigin.«

»Guten Tag«, sagt die Prinzessin.
»Sind Sie die Schmusekönigin?«
»Nein, mein kleiner Floh,
ich bin die Katzenkönigin«,
antwortet ihr eine schöne schwarze Dame.
»Ich nehme herrenlose Katzen auf,
um sie Kindern zu schenken, die einsam sind.«

Der Besuch macht ihr wirklich großen Spaß, aber die Prinzessin muss weiter.
Und so schenkt ihr die Königin ein Kätzchen, das ihr Gesellschaft leisten soll.
»Auf Wiedersehen, Katzenkönigin. Und vielen Dank!«

Währenddessen fühlt sich Königin Mama in ihrem Palast ein bisschen einsam. Ihre Katze ist nur aus Porzellan.

»Was für ein lustiges Schloss!«,
sagt sich die Prinzessin, als sie wieder vom Himmel
herunterschaut. »Eine Königin, die so lustige
Dinge mag, schmust bestimmt auch gern…
Sehen wir uns das einmal genauer an.«

»Sie kennen also alle Spiele der Welt?«,
fragt die Prinzessin, während sie würfelt.
»O ja, mein Püppchen, schließlich bin ich
die Spielzeugkönigin.«

Der Besuch macht ihr wirklich großen Spaß, aber die Prinzessin muss weiter. Und so schenkt ihr die Königin einen Ball, damit sie mit ihrer Mama spielen kann.
»Auf Wiedersehen, Spielzeugkönigin. Und vielen Dank!«

Währenddessen spielt Königin Mama
ganz allein in ihrem Palast.
Das macht überhaupt keinen Spaß.
»Wo steckt bloß meine kleine Tochter?«,
fragt sie sich.

Hoch oben in der Luft dreht die Prinzessin Runde um Runde.
Sie weiß nicht mehr, wohin sie noch fliegen soll.
»Ob ich die Schmusekönigin irgendwann finden werde?«
»Fragen wir doch die Dame mit dem Hut«, schlägt das Kätzchen vor.

»Kennen Sie die Schmusekönigin?«, fragt die Prinzessin.
»Nein, mein Röschen. Ich streichle nur meine Blumen,
damit sie besser wachsen.«
»Dann sind Sie also die Blumenkönigin?«
»Ja, die bin ich. Komm, ich zeig dir meinen Garten.«

Der Besuch macht ihr wirklich großen Spaß, aber die Prinzessin muss weiter.
Und so schenkt ihr die Königin ein paar Blumen.
»Auf Wiedersehen, Blumenkönigin. Und vielen Dank!«

Währenddessen wird
Mama Königin
in ihrem Palast immer trauriger.
Sie hat schreckliche Sehnsucht
nach ihrer kleinen Tochter.

Am Himmel steht bereits der Mond.
Die Prinzessin hat nicht mehr viel Zeit
die Schmusekönigin zu finden.
Doch dort unten brennen noch Lichter.
Auf die fliegt sie zu.

»Guten Abend«, sagt die Prinzessin. »Sind Sie die Schmusekönigin?«
»Nein, mein kleiner Abendstern, ich bin die Nachtkönigin. Ich erzähle Geschichten, um die bösen Träume zu verjagen. Komm, ich lese dir meine Lieblingsgeschichte vor: *Es war einmal eine Königin, die fühlte sich in ihrem Palast sehr einsam…*«

Als sie das hört, muss die kleine Prinzessin an ihre Mutter denken.
»Ich muss los!«, ruft sie. »Auf Wiedersehen, Nachtkönigin.
Und vielen Dank!«

»Komm, kleine Katze, wir fliegen wieder nach Hause!
Ich habe die Schmusekönigin nicht gefunden – aber das macht nichts.
Jetzt will ich zu meiner Mama zurück!«

Das kleine rote Flugzeug gleitet durch die Nacht.
Schon bricht ein neuer Tag an.
» Ich komme, Mama, ich komme ! «

»Schau, Mama, ich hab dir was mitgebracht…«
»Später, mein Schatz, später. Zuerst will ich dich umarmen!
Und ganz viel mit dir schmusen!«

»Weißt du was, Mama?
Die Schmusekönigin – die bist ja Du!«